CÃO ZEN

CÃO ZEN

Toni Tucker & Judith Adler

Tradução
Maria Helena Kühner

BERTRAND BRASIL

Título original: *Zen Dog*

Capa e projeto gráfico: Rodrigo Rodrigues

2002
Impresso no Brasil
Printed in Brazil

Cip-Brasil. Catalogação na fonte
Sindicato Nacional dos Editores de Livros, RJ

T826c Tucker, Toni
Cão Zen
/ (fotógrafo) Toni Tucker & (concebido por) Judith Adler
tradução Maria Helena Kühner. – Rio de Janeiro :
Bertrand Brasil, 2002.
112p.: il.

Tradução de: Zen Dog
ISBN 85-286-0979-0

1. Cão - Aspectos religiosos. 2. Zen-budismo - Citações, máximas etc. 3. Cão - Obras ilustradas.
I. Adler, Judith. II. Título.

CDD 636.7
02-1746 CDU 636.7

EDITORA BERTRAND BRASIL LTDA.
Rua Argentina, 171, 1° andar – São Cristóvão
20921-380 – Rio de Janeiro – RJ
Tel.: (0XX21) 2585-2070 Fax: (0XX21) 2585-2087

Atendemos por Reembolso Postal

A meus mais novos amados: Nicky, Will e Mac.
E a meus maravilhosos bichons frisés *que enchem minha vida de amor e alegria.* – T.T.

A todos os cachorros que eu já amei...
e que entraram e saíram (e saíram e entraram, e entraram e saíram) pela minha porta...
E ao mais Zen de todos eles, o meu querido e mágico Pelé. - J.A.

AGRADECIMENTOS

Antes de mais nada, queremos agradecer a todos os cães que nos ensinaram tantas lições Zen nesta vida. Nossos agradecimentos, de coração, a esses sábios conselheiros que têm permanecido ao nosso lado, a cada passo do caminho, ensinando-nos a sentar, a parar e a prosseguir exatamente nos momentos certos.

Agradecemos a todos os *Cães Zen* que foram nossos modelos; a Sara Gregware, do Canine Sports Center de Goshen, Connecticut, que propiciou nosso encontro; e à Little Guild of St. Francis, de West Cornwall, Connecticut, por sua generosa hospitalidade.

Muitos agradecimentos à nossa agente literária, Susan Golomb (e, evidentemente, a Kara), por seu apoio e entusiasmo desde o início. E a Robert, por ser a calma voz Zen da razão, um especial *muito obrigada*.

Nossa gratidão se dirige também a Margot Schupf, por seu carinho e paciência com nossas cabeças de iniciantes à medida que palmilhávamos nosso caminho por meio do processo editorial de fazer com que *Cão Zen* se mantivesse na pista certa, bem como a todo o pessoal da Clarkson Potter – Marysarah Quinn, Maggie Hinders, Liana Faughnan e Joy Sikorski. Obrigada também à designer Lisa Sloane.

Somos igualmente gratas aos inúmeros professores que nos orientaram em nossas jornadas e especialmente à família e aos amigos que viajaram conosco, dando-nos carinhosos tapinhas no ombro e oferecendo-nos palavras de carinho nas ocasiões mais delicadas. Obrigada e, por favor, considerem isto um amoroso aceno de gratidão e apreço.

DISCÍPULO

Como posso encontrar minha natureza de Buda?

MESTRE

Você não tem natureza de Buda.

DISCÍPULO

E os cães?

MESTRE

Eles, sim, eles têm natureza de Buda.

DISCÍPULO

Então, por que não tenho natureza de Buda?

MESTRE

Porque você precisa perguntar.

Os cães não têm simplesmente a natureza de Buda: sua própria natureza canina é natureza de Buda. E o que os torna pequenos Mestres Zen peludos, salivantes, ladradores, pedintes, brincalhões? Bem, há um *koan*, ou ditado budista, do mestre Zen Shunryu Suzuki, do século 20, que o resume sabiamente: "Há algo de blasfemo em se falar de como o Budismo é perfeito como filosofia ou ensinamento se não se sabe o que ele realmente é." A nosso ver, Suzuki não poderia ter dito melhor. Nunca deveríamos presumir que presumimos saber. E menos ainda um cachorro. E é exatamente esta a pista do *Cão Zen*. Mesmo nos piores dias de cão, os cães se sentam, param e abanam o rabo para expressar devoção, honestidade, lealdade, amor, compaixão e alegria – as mais puras qualidades Zen. Isso é tão visível quanto o focinho frio e úmido em suas caras. Os cães vivem o momento presente. A cada minuto que começa ou acaba com o próximo osso, bola, migalha de pão ou até com o cheiro realmente desagradável que venham a farejar, os cães vivem a verdadeira alegria da vida.

Certamente não foi obra do acaso terem sido os cães os primeiros animais a serem domesticados pelo ser humano e lhe terem permanecido fiéis desde então. Talvez seja por isso que não duvidam que têm um espaço garantido na cama – milhares de anos de serviço os tornam merecedores de pelo menos uma boa noite de sono. E, depois de um cansativo dia de trabalho, aqueles olhos puros, meigos, de cachorrinho olhando para você com devoção canina, atiram longe o estresse mais tenaz e o ânimo mais deprimido. E, quando o humor já está recobrado, fazem todo o possível para partilhar dessa felicidade – sobretudo se for a sua felicidade – com demonstrações de energia positiva, balançando o corpo e saltando de pura alegria.

Talvez um único ano de vida de um cão valha por sete anos humanos porque eles não têm coisas inúteis fervilhando em suas mentes, assim como podem armazenar sete vezes mais amor em um ano do que qualquer um de nós. Na categoria gosto-não-se-discute os cães ganham disparado. Quantas vezes você já viu cães amando incondicionalmente seus donos – mesmo quando são pessoas muito difíceis – de um modo que talvez o próprio Buda visse como um desafio a ser vencido? Talvez eles amem essas pessoas simplesmente porque são capazes disso e aceitem voluntariamente o dever do combate emocional, uma vez que sabem, assim como Buda sabia, que o ódio não se vence com o ódio, o ódio é conquistado pelo amor. Os cães fiéis ensinam seus donos, mesmo aqueles que não são dignos de ser chamados de pessoas, a amar de novas e diferentes maneiras.

Outro presente que trazem para nossas vidas é uma lição da arte de identificar o que é verdadeiramente importante – um cochilo à tarde num lugarzinho cheio de sol, uma pelada num cálido dia de primavera ou um belo e longo passeio sem destino certo. Aprendemos a ter paciência quando tentamos ensiná-los a dominar a arte de sentar-se, ficar de pé ou ir buscar algo. Qualquer pessoa que tenha sido acordada ao amanhecer, com latidos pedindo um passeio, recebeu uma lição de dedicação altruísta, do tipo da que faz você se perguntar se já tinha mesmo noção de quem é o Mestre nas relações homem-cão, invertida o tempo todo.

Como bem disse Buda, de forma muito simples e profunda:

Controle seus sentidos,
O que você prova e cheira,
O que vê, o que ouve.
Em tudo, seja o Mestre do que você
Faz, diz e pensa. Seja livre.

Os cães não sabem falar e, convenhamos, certamente não têm as papilas gustativas mais refinadas do reino animal (eles deixam isto para a dengosa turma felina), mas estão sempre demonstrando um domínio dos próprios sentidos. Certamente seus aguçados focinhos conseguem não só desenterrar o osso velho, ora pronto para uso, que haviam enterrado sob a sua roseira predileta um ano e meio atrás, como também conseguem farejar a sinceridade e a ternura nos seres humanos.

E, a partir do momento em que conseguimos ver claramente por onde seus focinhos passaram, os cães nos mostram como descobrir o melhor de nós mesmos. Usam seu refinadíssimo olfato de forma miraculosa, seja para avisar famílias sobre incêndios no meio da noite, seja para localizar nódulos cancerosos nas pessoas, utilizando seus focinhos extraordinariamente apurados para prevenir tragédias que os alarmes contra fogo e médicos experientes não conseguiram detectar. E é essa mesma sensibilidade que fareja carências em uma pessoa quando uma gentil esfregadela do focinho ou uma lambidela boba no rosto oferece um bem-vindo e carinhoso toque de cômico alívio.

Mesmo que as papilas do seu paladar possam não parecer refinadas, eles certamente têm seus petiscos favoritos – um biscoito crocante, deliciosos sapatos novos italianos ou, melhor ainda, a gostosa maciez de sua bola de tênis favorita. Quanto a gostar de pessoas, têm suas predileções, lembrando-se de algumas delas depois de anos sem vê-las ou mesmo viajando centenas de quilômetros para reunir-se a seus amados humanos.

Os cães nos vêem como somos ou até mais profundamente; vêem-nos como podemos ser. A fidelidade de um cão ajuda-o a fechar os olhos para a feiúra das pessoas que o maltratam, vendo nelas apenas a beleza enquanto espera pacientemente que o seu lado melhor venha à tona. Se fôssemos suficientemente sábios para dar uma olhada nos espelhos da alma de um cão, veríamos que o amor ali refletido está diretamente voltado para nós.

Todos já ouvimos falar da aguçada audição canina, já vimos suas orelhas ficarem em posição de alerta e nos perguntamos o que estaria ele ouvindo. Seria alguma secreta estação de rádio canina que só eles conseguem sintonizar? Ouvimos constantemente histórias de cães heróicos que salvaram pessoas que gritavam por socorro; eles têm uma capacidade auditiva tão sutilmente sintonizada que só pode estar alocada em seus corações. Contudo, sofrem de um problema de audição seletiva – palavras como *saia* e *deite* não são registradas do mesmo modo que *vamos passear* ou *comida* –, mas, venhamos e convenhamos, um cachorrinho não fica mesmo faminto mostrando-se tão dedicado o dia inteiro? E que lugar melhor para ficar roendo vigorosamente um osso do que um confortável sofá?

Quando seus humanos chegam em casa, sentam-se e ouvem tintim por tintim tudo que aconteceu no trabalho, os suspiros abafados, jamais fazendo o outro sentir que ele preferiria estar ocupado com alguma outra coisa. Se vocês agora estão pensando: "Mas quem é que fala com seus cachorros?", pelo que sei, a resposta é bem simples: um bocado de gente. E por que não? Quem mais escuta desse jeito? Os cães sempre se mostrarão bons ouvintes, presumindo que você é realmente inocente. Mesmo que se prove o contrário, o seu cachorro nunca o deixará perceber que ele está entediado ou tem alguma queixa de você.

De maneira absolutamente Zen, os cães incorporam um grau de fidelidade, constância e firmeza em relação a seus donos que, em geral, os discípulos Zen só aspiram conseguir em relação a seus Mestres. Os cães nos mostram como é uma natureza altruística; ajudam-nos a deixar de lado nossas tendências ao egoísmo e a preocupar-nos exclusivamente conosco para subir às alturas do compromisso e da dedicação, onde finalmente poderemos aprender a instalar-nos, e lá ficarmos firmemente comprometidos com nossas idéias espirituais. Podemos todos aprender a abster-nos de julgamentos com nossos companheiros de quatro patas que nunca nos julgam pelas roupas que vestimos, pelo emprego que temos ou pela companhia que compartilhamos. Eles tratam a todos com a mesma generosidade de espírito, voltando sempre a merecer o título de Melhor Amigo do Homem.

Cão Zen nasceu de um desejo de mostrar o puro e inalterável amor canino. Não só o dos mais doces, que são — tããããããão — engraçadinhos, mas o dos verdadeiros cães da raça McCoy, que são Zen de uma maneira que só eles sabem ser. Esperamos que, mesmo por alguns momentos, este livro, mais do que um tributo aos peludos pequenos Mestres Zen, nos ajude a dar uma boa olhada em nós mesmos pelo espelho da honestidade, lealdade, dedicação e espírito surpreendentemente puro dos cães. Quando encontro um cão claramente em sintonia com a sua própria natureza, olho-o bem nos olhos e faço a seguinte pergunta: "E aí, o que você faz para ganhar a vida?" Inevitavelmente, qualquer um digno de sua raça tem a mesma resposta: "Eu sou apenas um cão." E simplesmente se entregando de todo o seu coração ao que veio fazer aqui – servir a seus donos, ensinar-nos o que é o amor incondicional, dar-nos o presente de aprender a estar presente – ele cumpre sua missão de cão como um verdadeiro Mestre. Pois, no final das contas, a presteza da mente é que é a sabedoria. Observe uns olhinhos fixos no sanduíche que você está comendo e logo ficará sabendo que eles estão atentos e conscientes do fato de que, se fizerem aquele olhar de eu-um-pobre-coitado-faminto, naquele momento você poderá sucumbir. E, se acontecer de um biscoito cair no chão da sala de estar, você descobrirá que a sua desenvolvida mente Zen captou o fato, pois, antes que a chuva pare de cair, ele já terá conseguido ouvir um pássaro e perceber que o sol está a caminho. Mesmo deitado sob o sofá, conseguirá encontrar aquele biscoito que escapou da mão do seu dono.

Pensar é mais

interessante

que saber,

mas menos

interessante

que olhar.

GOETHE /
THE LITTLE ZEN COMPANION

花

Apenas fique no centro do círculo

e deixe todas as coisas seguirem seu curso.

LAO-TZU / TAO TE CHING

土

Não pense

que necessariamente você

terá consciência de sua própria

Iluminação.

BUDA / DHAMMAPADA

神

Está bem na sua frente.

Neste momento

a coisa inteira

lhe é entregue.

LAO TZU / TAO TE CHING

Esteja certo de que não estamos sós,

de que nunca estivemos

e nunca estaremos sós.

SRI DAYA MATA /
ENTER THE QUIET HEART

Qual é o som

de uma só mão batendo?

DITADO EXTRAIDO DE UM KOAN
PELO MESTRE ZEN JAPONÊS HAKUIN (1686-1769)

Tenha a atitude indômita

de um herói

e o coração terno

de uma criança.

MANUSCRITO SÂNSCRITO ANTIGO /
ZEN FLESH, ZEN BONES

山

Onde poderei encontrar um homem

que tenha esquecido as palavras

para que eu possa ter

uma palavrinha com ele?

A Mestra age sem dizer nada

e ensina sem dizer nada.

Surgem coisas e ela as deixa vir;

coisas desaparecem e ela as deixa ir;

ela tem, mas não possui,

age, mas sem expectativas.

Quando seu trabalho está feito, ela o esquece.

É por isso que ele dura para sempre.

LAO TZU / TAO TE CHING

O som da água

diz aquilo que penso.

LAO TZU / TAO TE CHING

水

Olhe amorosamente para algum objeto.

Não passe ao objeto seguinte.

É aqui, no centro deste objeto,

que a bênção reside.

MANUSCRITO SÂNSCRITO ANTIGO /
ZEN FLESH, ZEN BONES

O tolo que sabe que é um tolo
é assim muito mais sábio.
O tolo que pensa que é sábio
é realmente um tolo.

BUDA / DHAMMAPADA

鴻

Livre de desejo,

livre de posses,

livre dos recantos

escuros do coração...

gozando enormemente sua liberdade.

BUDA / DHAMMAPADA

天

O Tao dá nascimento a todos os seres;

alimenta-os e os mantém;

cuida deles e os protege;

leva-os de volta a si,

criando sem se apropriar deles,

agindo sem expectativas,

guiando sem interferir.

LAO TZU / TAO TE CHING

Todas as coisas uma mesma coisa.

Todas as coisas diferentes.

THE LITTLE ZEN COMPANION

安

Conheça o branco,

mas não deixe de lado o negro.

Seja um modelo para o mundo.

O Tao terá força dentro de você

e não haverá nada

que você não possa fazer.

LAO TZU / TAO TE CHING

Qual é o seu rosto original,

aquele que você tinha

antes de seus pais

nascerem?

THE LITTLE ZEN COMPANION

福

Dois espelhos

refletem um no outro.

A ZEN FOREST / 365 ZEN

神

Meta as unhas primeiro,

depois coce devagar.

DITADO ZEN

湖

Somos o que pensamos,

tudo brota de nossos pensamentos.

Com nossos pensamentos construímos o mundo.

Fale ou aja com uma mente pura,

e a felicidade o seguirá

como sua sombra, inabalável.

BUDA / DHAMMAPADA

DOG
FOOD

Tudo com moderação,

até mesmo a própria moderação.

BUDA / BUDDHA'S LITTLE
INSTRUCTION BOOK

Sinta a consciência de cada pessoa

como a sua própria consciência.

Assim, deixando de lado a preocupação

consigo mesmo, torne-se cada ser.

MANUSCRITO SÂNSCRITO ANTIGO /
ZEN FLESH, ZEN BONES

天

Este pequeno rabo

é uma coisa bem estranha.

GATELESS GATE /
ZEN FLESH, ZEN BONES

氣

Embora jovem,

aquele que busca o caminho com determinação

brilha com viva luz por sobre o mundo.

Nele não há ontem,

não há amanhã,

não há hoje.

Nada possuindo, nada desejando,

ele está cheio de energia.

BUDA / DHAMMAPADA

A Lua é a mesma antiga Lua,

as flores são tais quais eram antes;

no entanto, agora sou

a própria essência das coisas.

BUDA / DHAMMAPADA

花

Clarões que iluminam,

chuveiro de faíscas.

Ao piscar os olhos,

você deixou de vê-los.

MANUSCRITO SÂNSCRITO ANTIGO
ZEN FLESH, ZEN BONES

安

Dominar os outros

é força,

dominar a si mesmo

é o verdadeiro poder.

LAO TZU / TAO TE CHING

山

Seu trabalho é

descobrir sua tarefa

e depois, de todo

coração, entregar-se

a ela.

BUDA / DHAMMAPADA

Qual é

a cor do vento?

DITADO ZEN

土

Quando vivamente consciente

por meio de algum sentido particular,

mantenha essa consciência.

MANUSCRITO SÂNSCRITO ANTIGO/
ZEN FLESH, ZEN BONES

天

Aquele que conhece os outros é sábio;

aquele que conhece a si mesmo

é iluminado.

LAO TZU / TAO TE CHING

鴻

Eu não me canso de você.

Não fique exausto de ser

compassivo para comigo.

RUMI / THE ESSENTIAL RUMI

神

Só uma mente esclarecida

conhece a si mesma.

LIN CH'AUN / THE POCKET ZEN READER

Compreensão e amor

são valores que

transcendem os dogmas.

THICH NHAT HANH /
BE STILL AND KNOW

St. Thomas
Chapel
-1876-

Quando a pergunta é banal,
a resposta é também banal.
Quando a pergunta é areia em um
recipiente de arroz cozido,
a resposta é um bastão em lama mole.

GATELESS GATE /
ZEN FLESH, ZEN BONES

土

O companheirismo nasce

da separação.

Para obter o companheirismo

comece separadamente.

Desta forma poderá haver

tanto companheirismo quanto separação.

BUDA / DHAMMAPADA

安

Vagueie até ficar exausto

e, então,

deixe-se cair no chão

e nesta queda permaneça inteiro.

MANUSCRITO SÂNSCRITO ANTIGO/
ZEN FLESH, ZEN BONES

土

O mestre se entrega

a tudo que o momento traz.

Ele não fica pensando em

suas ações,

elas escoam

do âmago do seu ser.

BUDA / DHAMMAPADA

Coisas a fazer hoje:

expirar, inspirar, expirar.

Ahhh.

BUDA / BUDDHA'S LITTLE INSTRUCTION BOOK

天

Aquele que fica na ponta dos pés

não tem firmeza.

Aquele que sai correndo adiante

não vai longe.

LAO TZU / TAO TE CHING

花

O milagre não está em andar sobre a água.

O milagre é andar sobre a terra verde,

habitando profundamente o momento presente

e sentindo-se verdadeiramente vivo.

THICH NHAT HANH /
BE STILL AND KNOW

福

95
75

Ele não tinha endereço,

ele vivia em uma bola de poeira

brincando com o Universo.

MANUSCRITO SÂNSCRITO ANTIGO/
ESSENTIAL ZEN

土

Você pergunta o que é nirvana.

Eu responderia:

um certo tipo de mente.

DALAI LAMA

安

Sentado sem um movimento,

nada acontecendo,

primavera chegando,

grama crescendo.

A ZEN FOREST / 365 ZEN

土

Quem faz de si mesmo

um palco não brilha.

Quem afirma a si mesmo não é reconhecido.

Quem se exibe não tem crédito.

Quem se vangloria não dura muito.

LAO TZU / TAO TE CHING

風

Se você soubesse o poder

de um coração generoso,

não deixaria passar

uma só refeição

sem reparti-la com outros.

BUDA / BUDDHA'S LITTLE INSTRUCTION BOOK

Nossa natureza de Buda está presente
desde o princípio;
ela é como o sol emergindo
por trás das nuvens.

ZEN FLESH, ZEN BONES

天

Se o viajante conseguir encontrar

uma companhia sábia e virtuosa,

prossiga com ela alegremente

e vença os perigos

do caminho.

BUDA / DHAMMAPADA

土

CRÉDITOS DAS FOTOS

Quero agradecer a todos os maravilhosos cães e a seus donos, os quais encontrei em meu caminho de fotógrafa. Vocês me deram tão livre e entusiasticamente parte de seu tempo, despendendo muitas horas comigo ou dirigindo muitos quilômetros para me encontrar. Amei seu ostensivo orgulho, sua energia, sua compreensão. E, naturalmente, as inúmeras risadas, lambidas, inclinações de cabeças e abanos de rabos. Meus profundos agradecimentos a vocês e a seus queridos cães – aos que estão retratados neste livro e também aos inúmeros que não estão.

TONY TUCKER

Capa: Chili, filhote de Chihuahua de pêlo longo
4ª Capa: Rocky, Boxer
Página 2: Megan, Old English Sheepdog (Pastor inglês)
Página 13: Houdini, Papillon
Página 15: Raça Mestiça.
Local: Camp Gone to the Dogs
Página 16: Sashya, Borzoi (Galgo russo)
Página 19: Theo, Lhasa Apso
Página 20: Kevin, Raça Mestiça
Local: Little Guild of St. Francis
Página 23: Kara, Raça Mestiça
Página 24: Jennifer e Duke, Criança e Akita
Página 27: Charlie, filhote de Labrador Retriever
Página 28: Sandy, Chihuahua de pêlo longo
Página 31: Nikki, Basset Hound
Página 32: Jim, Border Collie
Página 35: Yukon, Raça Mestiça
Página 36: Emma, Lhasa Apso
Página 39: Ninhada de Scarlet, filhotes de Bichon Frisé
Página 40: Dennis, Pastor Australiano
Página 43: Dálmata. Local: Aula de Adestramento
Página 45: Filhote de Vizsla (Canil da Fazenda Foxfire)
Página 46: Maltês (Canil Bevaron)
Página 49: Charlie, Jack Russell Terrier
Página 50: Basia, Pointer Alemão de pêlo curto
Página 52: Sunny, Lulu da Pomerânia
Página 54: Raça Mestiça. Local: rua de Nova York
Página 57: Tess, Irish Water Spaniel
Página 58: Pablo, filhote de Labrador Retriever
Página 60: Chloe, Mastim Inglês
Página 63: Indigo, Raça Mestiça
Página 64: Chad, Tervuren Belga
Página 66: Piper, Border Collie
Página 68: Kaluha, Poodle Standard
Página 71: Ian, Greyhound
Página 72: Pug. Local: sem local fixo
Página 75: Cleo, Raça Mestiça
Local: Little Guild of St. Francis
Página 76: Blaze, Pastor Alemão
Página 79: Petunia, Rough Collie
Página 81: Risky, Griffon de Bruxelas
Página 83: Dachshunds Standard de pêlo duro
Local: rua de Nova York
Página 85: Eddie, Mastim Napolitano
Página 86: Brooklyn, Vizsla
Página 88: Dozer, Bull Terrier
Página 91: Carrie, Cairn Terrier
Página 92: Sharif, Bouvier des Flandres
Página 94: Eddie, Mastim Napolitano
Página 97: Fo Paw, filhote de Leonberger
Página 98: Buddha, Shar-pei chinês
Página 100: Dancer, Cão de Crista Chinês
Página 103: Kara, Raça Mestiça
Página 104: Chili, filhote de Chihuahua de pêlo longo
Página 107: Muffin, Perri e Winni, Bichons Frisés
(Canil Faraway)

TONI TUCKER capta as almas dos animais em seus comoventes retratos fotográficos. Seu trabalho tem sido apresentado em livros, revistas e cartões-postais, bem como em publicações como a *American Kennel Club Gazette* e a *Dog and Kennel*. Ela vive na Cidade de Nova York e em Connecticut com seus queridos Bichons Frisés.

JUDITH ADLER mora na Cidade de Nova York, onde segue seu caminho de vida como comunicadora, musa do marketing, talento intuitivo em matéria de negócios e adestradora de mentes, ajudando indivíduos e empresas a realizarem seus sonhos, criando o sucesso a partir do único lugar que o torna duradouro – de dentro para fora.

Impressão e acabamento
Prol Gráfica e Editora LTDA